AF562100

[illegible] ET TRAVAUX [illegible]

DE

G. PLANCHON

PARIS

[illegible]

NOTICE

SUR LES

TITRES ET TRAVAUX SCIENTIFIQUES

DE

G. PLANCHON

PARIS

IMPRIMERIE ARNOUS DE RIVIÈRE

26, RUE RACINE, 26

—

1876

EXPOSÉ

DES

TITRES ET TRAVAUX SCIENTIFIQUES

DE

G. PLANCHON

TITRES

1854-55-56. — Lauréat de la Faculté de médecine de Montpellier (prix unique) pendant trois années consécutives.

1859. — Docteur en médecine.

1860. — Nommé par concours professeur agrégé à la Faculté de médecine de Montpellier.

1860-1862. — Professeur de Botanique à la Faculté des sciences de l'Académie de Lausanne.

1864. — Docteur ès sciences naturelles de la Faculté de Paris.

1864. — Pharmacien de première classe.

1864. — Nommé par concours professeur agrégé à l'École supérieure de Pharmacie de Montpellier.

1866. — Professeur à l'École supérieure de Pharmacie de Paris.

1860. — Membre de la Société vaudoise des Sciences naturelles.

1862. — Membre et l'un des Secrétaires de la Société de Botanique et d'Horticulture de l'Hérault.

1866. — Membre correspondant de la Société de Pharmacie de Paris. — Membre résidant en 1868. — Président en 1875.

1867. — Membre de la Société botanique de France. — Vice-Président en 1868 et en 1873.

1869. — Membre de la Société philomatique. — Président en 1875.

1870. — Membre correspondant de la Société de Pharmacie de Philadelphie (États-Unis).

1871. — Membre de la Société des Sciences naturelles de Cherbourg.

1874. — Membre honoraire de la Société des Pharmaciens de l'Aisne.

1876. — Membre de la Société Impériale des Naturalistes de Moscou.

1876. — Membre honoraire de la Société des Pharmaciens de Constantine.

1876. — Membre correspondant de la Société de Pharmacie de la Grande-Bretagne.

1875. — L'un des Rédacteurs du Journal de Pharmacie et de Chimie.

TRAVAUX SCIENTIFIQUES

Botanique, Paléontologie végétale, Zoologie, Recherches bibliographiques.

1° Note sur la Flore quaternaire des tufs calcaires de Castelnau, près Montpellier (*Bulletin de la Société botanique de France*, 1857).

2° Note sur quelques monstruosités du *Melianthus comosus* (*ibidem.*)

3° Note sur les effets de l'Éclipse du 15 mars 1858, sur quelques végétaux du Jardin des Plantes de Montpellier (1858), en collaboration avec M. J. E. PLANCHON.

4° Sur quelques faits du Sommeil des plantes et sur les mouvements des Légumineuses, par MM. J. E. PLANCHON et G. PLANCHON (*Bulletin de la Société botanique de France*, juillet 1858).

Cette note signale chez diverses Légumineuses l'existence de mouvements spontanés, analogues à ceux du *Desmodium gyrans DC.*

5° Les principes de la méthode naturelle appliqués comparativement à la classification des végétaux et des animaux (*Thèse d'agrégation à la Faculté de médecine*, 1860).

Après une introduction historique, cette thèse discute la formation des différents groupes (espèces, genres, familles, alliances, classes, etc.)

qui résultent de l'association des êtres; les connexions de ces divers groupes et leur enchaînement suivant leurs rapports de parenté (séries linéaires, séries paralléliques, séries circulaires, etc.), enfin la dignité hiérarchique des êtres, leurs signes de supériorité ou d'infériorité...

6° Note sur les observations faites au Jardin des Plantes de Montpellier, par MM. J. E. Planchon et G. Planchon, pendant l'éclipse du 18 juillet 1860 (*Bulletin de la Société Vaudoise des Sciences naturelles*, 1861).

Cette note montre l'action prépondérante de la lumière dans le phénomène du sommeil de la plupart des plantes.

7° Note sur les fossiles végétaux des tufs de Meximieux (Ain) (*Bulletin de la Société Vaudoise des Sciences naturelles*, 1862).

8° Études des tufs de Montpellier, aux points de vue géologique et paléontologique, 1864 (*Thèse de Doctorat ès Sciences*).

Cette étude a montré quelle est l'origine des tufs très-nombreux de la période quaternaire, et mis en évidence le rôle prépondérant des sources incrustantes. Elle a déterminé les végétaux de cette période, qui sont le commencement de la flore actuelle, et démontré que diverses espèces cultivées, dont on discutait l'indigénat, telles que la vigne et le figuier, sont réellement spontanées dans le midi de la France.

9° Sur une Phryganide du genre *Ryacophila*, 1864.

L'auteur a décrit les caractères zoologiques de cette espèce nouvelle, qu'il a nommée *R. toficola*.

Il en a étudié les mœurs curieuses, et montré comment les tubes glaireux qu'elle forme au sein des sources incrustantes se chargent de molécules calcaires et deviennent ces tubes serpuliformes, si communs dans les tufs des diverses périodes, qu'on avait jusque-là attribués généralement à des moules de racines.

10° Des modifications de la Flore de Montpellier depuis le XVIe siècle jusqu'à nos jours, 1864.

Cette étude débute par une introduction historique sur les auteurs qui se sont successivement occupés des plantes de Montpellier. Elle aborde ensuite la question des modifications (introduction et disparition d'espèces) survenues dans la flore de cette région ; elle apprécie enfin l'importance des causes qui ont amené ces changements.

11° Rondelet et ses disciples ou la botanique à Montpellier au XVIe siècle ; en collaboration avec M. J. E. Planchon, 1866.

Ce mémoire contient de nombreuses recherches sur l'histoire des naturalistes du XVIe siècle, qui sont venus étudier à Montpellier. Ces recherches ont été faites dans les archives de la ville de Montpellier et surtout dans celles de la Faculté de médecine.

12° Communication faite en commun avec M. J. E. Planchon à l'Académie des sciences et lettres de Montpellier, sur des planches peu connues de Richer de Belleval.

13° Communication faite en commun avec M. J. E. Planchon à la même Académie, sur la végétation des plateaux calcaires appelés *causses*, et en particulier du causse du Larzac.

14° Notes diverses (de géographie botanique, physiologie végétale, etc., etc.) contenues dans le *Bulletin de la Société Vaudoise des Sciences naturelles* (tome VII, p, 19, 179, 186, 193 et 337).

15° Notes diverses et rapports dans le *Bulletin de la Société de botanique et d'horticulture de l'Hérault* (tome V, p. 90-162).

Botanique et Histoire naturelle médicales.

16° Des Globulaires au point de vue botanique et médical, 1859 (*Thèse de Doctorat en médecine*).

Après avoir, dans la partie botanique, discuté la question des affinités des Globulaires, l'auteur s'occupe plus particulièrement de la *Globulaire Turbith*, espèce réputée très-dangereuse (*Frutex terribilis*), au XVIe et au XVIIe siècle, et il montre par des observations faites sur le malade qu'elle est absolument innocente et peut être utilisée comme un purgatif très-doux.

17° Le Kermès du chêne aux points de vue zoologique, commercial et pharmaceutique, 1864 (*Thèse de pharmacie*).

Dans la première partie, l'auteur traite spécialement la question zoologique ; il montre que trois espèces bien distinctes ont été confondues sous le nom de Kermès du chêne et donne leurs caractères distinctifs. Dans la seconde partie, il fait l'histoire commerciale du Kermès, d'après des recherches faites dans les archives de la Préfecture et de la Mairie de Montpellier ; enfin dans un dernier chapitre, il traite plus spécialement de la confection Alkermès.

18° Des Quinquinas, 1864 (*Thèse d'agrégation à l'École de Pharmacie*).

Ce mémoire est divisé en deux parties. La première, ou partie générale, traite de l'histoire, des caractères, des affinités, de la distribution géographique du genre *Cinchona*, en même temps que de la structure, de la classification, du commerce et de la culture des Quinquinas. La seconde partie aborde l'étude spéciale des diverses sortes de Quinquinas. Elle donne le premier essai d'une classification naturelle de ces écorces suivant leur origine botanique, en s'appuyant, d'une part, sur les riches collections de plantes que MM. Boissier, de Candolle et Triana ont bien voulu mettre à la disposition de l'auteur, d'autre part sur les écorces qui lui ont été communiquées par MM. Howard et Rampon.

19° Note sur quelques produits de la région méditerranéenne rarement observés dans le midi de la France, 1866.

20° Matériaux pour servir à la Flore médicale de Montpellier et des Cévennes.

Ce mémoire contient un aperçu des recherches de botanique médicale faites à Montpellier à la fin du XVIe siècle ; puis l'énumération, d'après les auteurs de cette période, des espèces indigènes dans la région, avec la mention de leurs propriétés médicales.

21° Sur l'origine de l'Élémi en pains (*Bulletin de la Société botanique de France*, XV, 16, année 1868).

Cette note montre que l'Élémi en pains de Guibourt n'est autre chose que la Résine Caragne des anciens auteurs et qu'il est produit par l'*Icica Caraña* H. B. K.

22° Considérations générales sur la matière médicale. (*Lu à la séance de rentrée de l'École supérieure de Pharmacie*, 1869.)

Ce mémoire montre quels sont les rapports de la matière médicale avec la botanique; il met en lumière l'importance des caractères tirés de la structure anatomique des diverses parties des plantes employées comme médicaments.

23° Sur les Ipecacuanas striés (*Journal de Pharmacie et de Chimie*, 4e série, XVI, 404 et XVII, années 1872-1873).

Ce travail montre que deux espèces très-distinctes par leur structure anatomique ont été confondues sous le nom d'*Ipecacuana strié:* il indique en même temps celle des deux sortes dont l'origine botanique est le *Psychotria emetica*.

24° Les projections microscopiques appliquées à l'enseignement de la matière médicale (*Conférence faite à l'assemblée générale de la Pharmacie centrale de France*, 1873).

Dans cette conférence ont été exposés les procédés de projection employés dans le cours de matière médicale fait à l'École supérieure de Pharmacie. De nombreuses expériences ont mis en évidence la nécessité de l'étude anatomique des substances pour la détermination de leurs caractères.

25° Conférence faite sur le même sujet, à Laon, devant la Société des Pharmaciens de l'Aisne, 1874.

Les expériences faites devant la Société ont surtout montré l'utilité de l'étude anatomique des drogues simples pour la détermination du siége des substances actives.

26° Note sur la structure anatomique des écorces qui portent le nom de Cannelle (*Bulletin de la Société botanique de France*, 1873).

27° Communication faite à la Société de Pharmacie de Paris sur les *Rheum* (avril 1874).

Dans cette communication ont été indiqués les rapports qui existent dans le mode de végétation des diverses espèces de Rheum, et l'analogie de structure de la *Rhubarbe anglaise mondée* et des souches du *Rheum Rhaponticum*.

28° Sur les caractères et l'origine botanique du Jaborandi (*Journal de Pharmacie et de Chimie*, 4e série, XI, p. 295, 1874).

La description complète de tous les organes du Jaborandi, la structure anatomique des différentes parties sont traitées en détail dans ce mémoire, ainsi que les rapports qui peuvent exister entre le médicament et les diverses espèces du genre *Pilocarpus*, auquel on l'a rapporté.

29° Des diverses sortes de Pareiva Brava et de leur origine, d'après les recherches de D. HANBURY (*Jour-*

nal de Pharmacie et de Chimie, 4e série, XX, 11, 282, 1875).

30° Considérations générales sur la distribution géographique des médicaments simples. (*Lu à la rentrée de la Société de Pharmacie*. Mai 1876.)

31° Notes sur les Styrax (*Journal de Pharmacie et de Chimie*, août 1876.)

32° Nombreux articles de botanique médicale insérés dans le *Dictionnaire encyclopédique des sciences médicales*.

33° Révision de l'Histoire naturelle des drogues simples de Guibourt. Publication d'une sixième édition en 1869-1870, et d'une septième édition en 1876.

La dernière édition, laissée par Guibourt, datait de 1849. Depuis lors, de nombreuses recherches avaient été faites dans le domaine de la matière médicale et il était nécessaire de tenir compte dans les nouvelles éditions des travaux de ces vingt-cinq dernières années. Aussi de nombreuses additions et modifications ont-elles dû être introduites dans ce livre classique. L'histoire des Quinquinas a été complétement refondue; des questions importantes (*Salsepareilles*, *Rhubarbes*, *Aloës*, *Ratanhia*, *Ergots*, etc., etc.) ont reçu des développements considérables; d'autres sujets (*Cascarille*, *Liquidambar*, *Baume du Pérou*, *Encens*, *Myrrhe*, *Caragne*, *Gommes-résines d'ombellifères*, *Gommes de légumineuses*, etc.) ont été l'objet de modifications importantes; enfin de nouveaux articles (*Matico*, *Kamala*, *Fève de Calabar*, *Jaborandi*, etc., etc.) ont été ajoutés. Dans la partie zoologique toute l'histoire des *Vers intestinaux* a été reprise à nouveau; celle des *Reptiles* a subi des remaniements en rapport avec l'état actuel de la science; enfin divers sujets (*Lait*, *Viandes*, *Huiles de poisson*, *Sangsues*, etc., etc.) ont été considérablement développés.

34° Traité pratique de la Détermination des drogues simples, d'origine végétale. (2 volumes in-8. 1875-1876.)

Cet ouvrage, établi sur un plan tout différent de ceux qui ont été publiés en France sur le même sujet, met en première ligne, pour la détermination des drogues simples, les caractères de la structure anatomique. De nombreuses recherches, faites à ce point de vue par l'auteur, sont résumées dans les divers articles du livre, qui passe successivement en revue toutes les substances inscrites au Codex et un certain nombre de médicaments récemment introduits dans la thérapeutique.

35° Rédaction faite en commun avec M. Flückiger, des articles de matière médicale d'une *Pharmacopée européenne*, préparée par un comité international, composé de collaborateurs pris dans chacune des principales contrées de l'Europe. (*Travail manuscrit.*)

36° Rédaction des articles de matière médicale du projet de *Pharmacopée universelle*, préparée par les soins de la Société de pharmacie de Paris, et présenté en 1875 au Congrès pharmaceutique international de Saint-Pétersbourg. (*Travail manuscrit.*)

Paris. — Imprimerie Arnous de Rivière, rue Racine. 26.

www.ingramcontent.com/pod-product-compliance
Lightning Source LLC
LaVergne TN
LVHW010409240826
846091LV00020B/2852

* 9 7 8 2 0 1 1 7 7 0 4 4 8 *